Birgit Adam · Liebevolle Trostpflaster

Liebevolle Trostpflaster

Heilsame Worte für Herz und Seele

Herausgegeben von
Birgit Adam

GONDROM

Birgit Adam studierte Englische Literaturwissenschaft und Kommunikationswissenschaften. Heute arbeitet sie als Autorin und Redakteurin und lebt in Augsburg.

Illustrationen: Norbert Pautner
Covergestaltung: Christine Retz
Coverillustrationen: Sybille Scheffler

011

ISBN-10: 10: 3-8112-2828-5
ISBN-13: 978-3-8112-2828-3

5 4 3 2 1

www.gondrom-verlag.de

Inhalt

Vorwort

Wie oft braucht man ein paar tröstende Worte: Ein Trauerfall im Bekanntenkreis, die Erkrankung eines Familienmitgliedes oder der Liebeskummer der besten Freundin. Dann möchten wir den anderen Menschen gerne zeigen, dass wir mit ihnen fühlen und für sie da sind. Leider haben wir nicht immer die passenden Worte parat – und aus Angst, das Falsche zu sagen, sagen wir lieber gar nichts. Dabei können ein paar gut gemeinte, aufmunternde Worte so viel tun: Sie zeigen der Person, dieTrost braucht, dass wir an sie denken und dass sie mit ihrem Leid nicht alleine ist.

In diesem Buch finden Sie tröstende Worte für viele verschiedene Situationen: für Liebeskummer genauso wie für Abschied und Trauerfälle oder Probleme am Arbeitsplatz. So brauchen Sie nie mehr um die passenden Worte verlegen zu sein.

Trost spenden

Wenn andere Menschen leiden, fühlen wir uns oft hilflos. Wir wissen, dass Worte nur schwer über einen Schicksalsschlag hinwegtrösten können und wir haben Angst, mit unseren Versuchen, Trost zu spenden, das Leiden des geliebten Menschen noch schlimmer zu machen. Was aber zählt, ist Ihre gute Absicht, für den Trauernden da zu sein, ihn mit seinem Leid nicht alleine zu lassen. Irgendwann wird er sich bestimmt Ihrer Worte entsinnen.

Wer Trost spenden will, sollte besonders darauf achten, die passenden Worte zu finden. Aufmunternd sollten sie sein und Hoffnung spenden – doch sollten sie der Situation angemessen sein und den Kummer der Person keineswegs herabwürdigen. Das gut gemeinte „Andere Mütter haben auch schöne Töchter“ interessiert im akuten Liebeskummer niemanden und auch wenn der Tod für manche Menschen eine Erlösung sein mag, können die Trauernden dies im ersten Schmerz über den Verlust der geliebten Person nicht nachvollziehen. Hüten Sie sich also vor solchen vermeintlich aufmunternden Phrasen.

Welche Worte die passenden sind, hängt nicht nur von der Schwere der jeweiligen Situation ab, sondern auch von der Persönlichkeit des Trauernden. Manche Menschen gehören zu den unverbesserlichen Optimisten, die selbst traurigen Umständen noch etwas Positives abringen können. Diese Menschen dürfen Sie gerne etwas aufzuheitern versuchen – zum Beispiel mit einem Trostwort, das ein Schmunzeln auf die Lippen zaubert. Ein Schmunzeln wohlgemerkt, kein schallendes Gelächter, denn Sie sollten die Situation niemals ins Lächerliche ziehen. Andere Menschen wiederum versinken in ihrem Leid und sehen ihre Zukunft nur noch schwarz. Hier sollten Sie Worte wählen, die zwar aufmunternd, doch dem Ernst der Situation angemessen sind. Greifen Sie hier zu einem heiteren Spruch, so fühlt sich der Leidende nicht ernst genommen

und meint sogar, Sie wollten sich über seinen Kummer lustig machen. Und solche Worte sind ganz bestimmt kein Trost!
Wählen Sie Ihre Worte also sorgfältig aus. In diesen „Liebevollen Trostpflastern" finden Sie Worte, die Kummer und Sorgen ernst nehmen und trotzdem Mut machen und neue Hoffnung spenden. Blättern Sie einfach ein wenig darin, denn wie schon der amerikanische Geistliche und Philosoph Ralph Waldo Emerson sagte: „Jedes Sprichwort, jedes Buch, jedes kleine Wörtchen, das dir zu Hilfe und Trost bestimmt ist, wird auf geraden oder verschlungenen Wegen zu dir gelangen."

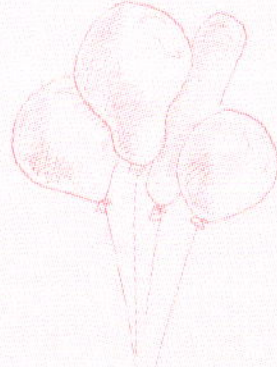

So spenden Sie richtig Trost

Nicht nur, was wir einem Menschen sagen, um ihn zu trösten, ist wichtig, sondern auch wie wir es sagen. Grundsätzlich ist es immer besser, Trost persönlich zu übermitteln – egal, ob es sich um den Verlust eines lieben Menschen oder um anderen Kummer handelt. Bemühen Sie sich, von Angesicht zu Angesicht, per Telefon oder zumindest mit ein paar handschriftlichen persönlichen Worten Ihren Trost auszudrücken. Dies mag Ihnen anfangs vielleicht schwer fallen, doch der Leidende wird Ihre Anstrengung zu schätzen wissen – und Sie geben ihm mit Worten, die aus Ihrem Herzen kommen, das Gefühl, auch wirklich für ihn da zu sein.

Viele Menschen entwickeln eine erstaunliche Geschäftigkeit, wenn Sie es mit einem trauernden oder von Sorgen geplagten Freund oder Angehörigen zu tun haben. Mit aller Gewalt möchten Sie den Trauernden aufmuntern und auf andere Gedanken bringen. Alles, was an den Kummer erinnert, wird ausgeklammert, nicht angesprochen oder einfach weggeräumt – aus der Wohnung oder aus dem Herzen. Doch damit tun Sie dem Trauernden nicht immer etwas Gutes. Er meint vielleicht, Sie wollten das Problem aus dem Gedächtnis streichen und so tun, als habe es nicht existiert. Oder Sie nähmen seinen Kummer nicht ernst, da Sie offensichtlich nicht darüber sprechen möchten. Hören Sie hier auf die Signale des Trauernden. Vielleicht möchte er ja über seinen Verlust oder seine Sorgen reden, um besser darüber hinweg zu kommen. Sprechen Sie dann mit ihm und hören Sie gut zu. Ein offenes Ohr zur rechten Zeit kann häufig ebenso tröstend wie die richtigen Worte sein.

Andere Trauernde möchten sich vielleicht nach vorne orientieren und so schnell wie möglich ein neues Leben beginnen. Auch wenn Sie der Meinung sind, er sollte seinen Kummer zunächst verarbeiten, so lassen Sie ihn zunächst einmal in Ruhe. Jeder Mensch verarbeitet Kummer und Trauer anders. Lassen Sie Ihren Freund oder Angehörigen seinen eigenen Weg gehen, aber unterstützen Sie ihn dabei – auch wenn Sie selbst vielleicht einen anderen Weg gewählt hätten.

Nicht immer werden Ihre Hilfsangebote auf offene Ohren stoßen. Wer von Sorgen oder Kummer geplagt ist, kapselt sich oft ab, sei es aus Angst, den anderen zur Last zu fallen, oder aus dem Gefühl heraus, es könne ihm ja doch niemand helfen. Oft tut es auch gut, sich eine Zeit lang zurückzuziehen, um die Wunden in Ruhe heilen zu lassen – respektieren Sie diesen Wunsch und werden Sie nicht aufdringlich. Versuchen Sie nicht, den Trauernden mit aller Macht auf andere Gedanken zu bringen. Halten Sie jedoch trotzdem ein wachsames Auge auf ihn, sodass Sie für ihn da sein können, wenn er Sie braucht.

Takt im Angesicht von Tod und Trauer

Der Tod ist in unserer Gesellschaft immer noch ein Tabuthema. Wir alle wissen, dass wir irgendwann einmal sterben müssen, doch damit auseinander setzen wollen wir uns nicht. So sind wir dann oft heillos überfordert, wenn ein Mensch aus unserem Bekanntenkreis stirbt. Wie sollen wir reagieren?

Wenn Sie von einem Todesfall erfahren – egal, ob Sie persönlich informiert wurden oder die Todesanzeige in der Zeitung gelesen haben –, sollten Sie zunächst einen Kondolenzbrief verschicken. Verwenden Sie dazu neutrales weißes Briefpapier; Briefbögen mit einem schwarzen Rand sind dem Trauerhaus vorbehalten. Der Briefumschlag dagegen sollte durchaus einen schwarzen Rand aufweisen. Verfassen Sie den Brief stets handschriftlich. Auch wenn Sie in diesem Buch einen passenden Spruch entdecken, sollten Sie trotzdem noch ein paar persönliche Worte hinzufügen. Dasselbe gilt natürlich für vorgefertigte Trauerkarten. Niemals sollten Sie den Fehler begehen, Ihre Beileidsworte per E-Mail oder Fax zu versenden, denn dies erhält schnell den unschönen Beigeschmack einer unpersönlichen „Massensendung“.

Verhalten Sie sich bei der Beerdigung angemessen und fallen Sie nicht durch laute Gespräche oder gar Lachen auf. Erst beim so genannten Leichenschmaus darf es wieder etwas lockerer zugehen, doch richten Sie sich auch hier stets nach den Wünschen der Angehörigen.

Gesten zählen ebenso wie Worte

Ebenso wichtig wie die passenden Worte sind die dazugehörigen Gesten. Zusammen mit einer herzlichen und liebevollen Umarmung wirken die Worte noch tröstender und mitfühlender. Auch konkrete Hilfsangebote geben einem trauernden oder traurigen Menschen sehr viel.
Warten Sie hier jedoch nicht, bis Ihr Freund oder Angehöriger von selbst um Ihre Hilfe bittet. Sie wissen, wie schwierig es in unseren hektischen Tagen ist, einen Menschen um Hilfe zu bitten, denn alle sind viel zu beschäftigt und haben nur selten Zeit zu verschenken. Fragen Sie selbst nach, ob Sie helfen können, und machen Sie

gleich konkrete Angebote. Vielleicht muss sich Ihre Freundin nach einer Trennung ja nicht nur mit Liebeskummer herumschlagen, sondern sich auch noch eine neue Bleibe suchen? Dann sichten Sie mit ihr Wohnungsangebote und helfen ihr beim Umzug. Hat Ihr Freund gerade seinen Arbeitsplatz verloren? Hören Sie sich in Ihrem Bekanntenkreis nach offenen Stellen um oder lesen Sie seine Bewerbungsunterlagen Korrektur. Durch solche Hilfsangebote wissen Ihre Freunde und Bekannten, dass sie mit ihren Problemen und Sorgen nicht alleine da stehen – und dieses Wissen hilft oft mehr als tausend Worte.

Mancher Baum ist schief
und trägt dennoch süße Früchte.

Aus Russland

Worte, die Mut machen

In schwierigen Zeiten wachsen Menschen oft über sich hinaus und tun Dinge, die ihnen niemand zugetraut hätte. Doch häufig fehlt es uns auch in scheinbar unbedeutenden Alltagssituationen an Mut: Da ist die Angst vor der Ungewissheit, die uns daran hindert, Entscheidungen zu treffen. Da ist die Furcht, jemanden zu verletztten oder gar selbst verletzt zu werden. Da ist das Gefühl der Sicherheit, das uns davon abhält, nach den Sternen zu greifen. Sind Sie auch oft mutlos? Dann finden Sie hier Worte, die Ihnen Mut machen!

Ach, was wollt ihr trüben Sinnen
doch beginnen!
Traurigsein hebt keine Not,
es verzehret nur die Herzen,
nicht die Schmerzen,
und ist ärger als der Tod.

Auf, o Seele! Du musst lernen,
ohne Sternen,
wenn das Wetter tobt und bricht,
wenn der Nächte schwarze Decken
uns erschrecken,
dir zu sein dein eigen Licht.

Christian Hofmann von Hofmannswaldau

Mut ist nichts anderes als Angst,
die man nicht zeigt.

Sergio Leone

Wenn du recht schwer betrübt bist, dass du
meinst, kein Mensch auf der Welt könne dich
trösten, so tue etwas Gutes,
und gleich wird's besser sein.

Peter Rosegger

Lachen und Lächeln sind Tor und Pforte,
durch die viel Gutes in den Menschen
hineinhuschen kann.

Christian Morgenstern

Weiche den Übeln du nicht,
geh mutiger ihnen entgegen!

Vergil

Dass die Vögel des Kummers und
der Sorge über deinem Haupt fliegen,
kannst du nicht ändern.
Aber dass sie Nester in deinem Haar bauen,
das kannst du verhindern.

Aus China

Ich war, fuhr sie fort, eine der Furchtsamsten,
und indem ich mich herzhaft stellte, um den
anderen Mut zu geben, bin ich mutig geworden.

Johann Wolfgang von Goethe

Wir sind nicht nur verantwortlich für das,
was wir tun, sondern auch für das,
was wir nicht tun.

Voltaire

Man sage nicht, das Schwerste sei die Tat!
Da hilft der Mut, der Augenblick, die Regung.
Das Schwerste dieser Welt ist der Entschluss.

Franz Grillparzer

Blick in dein Inneres! Dort ist die Quelle
des Guten, und wenn du immer nachgräbst,
kann sie immer hervorsprudeln.

Marc Aurel

Jeder muss den Mut
der Überzeugung haben.

Alexander von Humboldt

Es gibt Berge, über die man hinüber muss,
sonst geht der Weg nicht weiter.

Ludwig Thoma

Du sollst von neuem wagen,
sollst wissen, wer du bist!
Das ist ein eitles Klagen,
wenn man so jung noch ist.

Du sollst dir selbst vertrauen,
sollst wissen, wer du bist.
Der hat das beste Bauen,
wer selbst der Meister ist.

Du sollst dich selber trösten,
sollst wissen, wer du bist,
die Schmerzen sind die größten,
wenn man sich selbst vergisst.

August Heinrich Hoffmann von Fallersleben

Die sichtbaren Gefahren bereiten uns
viel weniger Schrecken als die eingebildeten.

William Shakespeare

Wer wirklich gütig ist,
kann nie unglücklich sein;
wer wirklich weise ist, kann nie verwirrt werden;
wer wirklich tapfer ist,
fürchtet sich nie.

Konfuzius

Wenn es gar dunkel ist in deinem Leben,
sieh doch mal nach, ob es nicht am Ende daher
kommt, dass alle deine Fensterläden zu sind.

Paul Wilhelm von Keppler

Schöne Tage – nicht weinen, dass sie vergangen,
sondern lächeln, dass sie gewesen.

Rabindranath Tagore

Verstehen kann man das Leben nur rückwärts.
Leben muss man es aber vorwärts.

Sören Kierkegaard

Wald und freie Bergluft haben mich zur
Furchtlosigkeit erzogen, zu gläubiger Lebensfreude,
zu dankbarem Staunen vor aller Schönheit,
zur Wissenschaft von der ewigen Wiederkehr
des Frühlings, zum Glauben, dass alle Torheit
ein Umweg zur Klugheit ist,
aller Schmerz ein Weg zur Freude.

Ludwig Ganghofer

O glücklich der, den keine Furcht berückt!
Sein Wille bleibt sich gleich,
wie hoher Götter Wille,
selbst die Gefahr macht ihn beglückt.

Johann Wolfgang von Goethe

Zu sehen, was recht ist, und es gegen seine Einsicht nicht tun, ist Mangel an Mut.

Konfuzius

Auch der Mutigste von uns hat nur selten den Mut zu dem, was er eigentlich weiß.

Friedrich Nietzsche

Herzhaftigkeit ist bloß eine Temperaments-eigenschaft. Der Mut dagegen beruht auf Grundsätzen und ist eine Tugend.

Immanuel Kant

Mancher wird erst mutig, wenn er keinen anderen Ausweg mehr sieht.

William Faulkner

*Setze dir ein Muster und Vorbild,
und lebe danach, sowohl wenn du allein bist,
als wenn du unter die Leute kommst.*

Epiktet

*Ich sehne mich danach, eine große und noble
Aufgabe zu erfüllen, doch ist es meine größte
Pflicht, kleine Aufgaben so zu erfüllen, als ob
sie groß und nobel wären.*

Helen Keller

*Dein Traum segnet die Erde, deine Tat
verändert sie.*

Weisheit der Indianer

*Vernunft ist manchmal nichts anderes
als Mut zur Feigheit.*

George Bernard Shaw

Niemals und auf keine Weise sollten wir uns entmutigen lassen. Gerade dann, wenn wir unsere Mängel und Fehler zu erkennen in der Lage sind, haben wir den allerwenigsten Grund, unzufrieden zu sein.

Adalbert von Chamisso

Wenn wir negative Gedanken haben, dann schaden wir uns selbst am meisten, auch die schönsten Dinge freuen uns nicht mehr.

Dalai Lama

Niemand lebt davon,
dass er das Leben verneint.

André Malraux

Gegen den Strom der Zeit kann zwar der
Einzelne nicht schwimmen, aber wer Kraft hat,
hält sich und lässt sich von demselben
nicht fortreißen.

Johann Gottfried Seume

Es ist klug und kühn,
dem unvermeidlichen
Übel entgegenzugehen.

Johann Wolfgang von Goethe

Jede Krise hat nicht nur ihre Gefahren,
sondern auch ihre Möglichkeiten.

Martin Luther King

Ein Herz voller Tapferkeit und guter Dinge braucht von Zeit zu Zeit etwas Gefahr, sonst wird ihm die Welt unausstehlich.

Friedrich Nietzsche

Ein „Nein", das dem Bösen ins Gesicht geschleudert wird, besitzt eine mystische aus den Tiefen der Jahrhunderte herrührende Kraft.

André Malraux

Tigerjunge kann man nicht fangen, wenn man nicht in die Tigerhöhle eindringt.

Aus China

Alles auf Erden lässt sich finden, wenn man nur zu suchen, sich nicht verdrießen lässt.

Philemon

Das, was einmal geschah, kann niemand ungeschehen machen.
Aber du kümmer dich sorglich um das, was noch kommt.

Theognis

Den Augenblick zu nützen, bei jedem Schritt auf dem Wege an den Abend denken, die größtmögliche Zahl glücklicher Stunden zu erleben, das ist Weisheit.

Ralph Waldo Emerson

*Wenn etwas gewaltiger ist als das Schicksal,
so ist es der Mut, der es unerschüttert trägt.*

Emanuel Geibel

*Bleiben wir tapfer und werden wir immer
milder. Lassen Sie uns fröhlich, fröhlich
sein die paar Tage auf Erden.*

Detlev von Liliencron

*Muss man nicht oft unbedachtsam handeln,
wenn man das Glück anreizen will,
etwas für uns zu tun?*

Gotthold Ephraim Lessing

Es gibt zwei Wege aus der Dunkelheit:
Entweder du machst Licht, dort wo du bist,
oder du gehst in die Sonne.

Unbekannt

Wer lange bedenkt,
der wählt nicht immer das Beste.

Johann Wolfgang von Goethe

Geh nicht immer auf dem vorgezeichneten Weg,
der nur dahin führt,
wo andere bereits gegangen sind.

Alexander Graham Bell

*Niemand hätte jemals den Ozean überquert,
wenn er die Möglichkeit gehabt hätte,
bei Sturm das Schiff zu verlassen.*

Charles F. Kettering

*Unser Leben ist kein Traum – aber es soll und
wird vielleicht einer werden.*

Novalis

*Wir brauchen nicht so fort zu leben,
wie wir gestern gelebt haben. Macht euch nur
von dieser Anschauung los, und tausend Möglichkeiten
laden uns zu neuem Leben ein.*

Christian Morgenstern

Wisse! Ein Mensch geht im Leben auf einer sehr schmalen Brücke. Das Allerwichtigste ist, sich nicht zu fürchten.

Rabbi Nachmann

Lebenskunst ist,
Problemen nicht auszuweichen,
sondern daran zu wachsen.

Anaximandros

An einem offenen Paradiesgärtchen geht der Mensch gleichgültig vorbei und wird erst traurig, wenn es verschlossen ist.

Gottfried Keller

Behalte deine Ängste für dich,
aber teile deinen Mut mit anderen.

Robert Louis Stevenson

Hoffnung ist wie der Zucker im Tee:
Auch wenn sie klein ist, versüßt sie alles.

Aus China

Worte der Hoffnung

Solange irgendwo noch Hoffnung ist – und sei es auch ein noch so kleines Fünkchen –, ist noch nicht alles verloren. Doch oft stecken wir so tief in unserem Leid und unseren Sorgen, dass wir den Hoffnungsschimmer nicht sehen können. Schön, wenn wir dann ein paar liebe Worte hören, die die Hoffnung in uns wecken können!

Die Hoffnung ist der Regenbogen über den herabstürzenden Bach des Lebens.

Friedrich Nietzsche

O Hoffnung, holde, gütig geschäftige, die du das Haus der Trauernden nicht verschmähst und gerne dienend, Edle, zwischen Sterblichen waltest und Himmelsmächten!

Friedrich Hölderlin

Am Grunde des Herzens eines jeden Winters liegt ein Frühlingsahnen, und hinter dem Schleier jeder Nacht verbirgt sich ein lächelnder Morgen.

Khalil Gibran

Man sieht oft etwas hundertmal, tausendmal,
ehe man es zum ersten Mal richtig sieht.

Christian Morgenstern

Hoffnung ist der feste Stab
und Geduld ein Reisekleid,
da man mit durch Welt und Grab
wandert in die Ewigkeit.

Friedrich von Logau

Hoffnung ist eine Art Glück, vielleicht das
größte Glück, das diese Welt bereithält.

Samuel Johnson

Zwischen dem Elend und dem Glücke
gähnt eine tiefe Kluft.
Die Hoffnung schlägt darüber eine Brücke;
aber sie hängt in der Luft.

Heinrich Leuthold

Die Hoffnung des ganzen Jahres – der Frühling;
die Hoffnung des Tages – der Morgen.

Aus Japan

Alles, was ich erfuhr,
ich würzt es mit süßer Erinnerung,
würzt es mit Hoffnung.
Sie sind lieblichste Würze der Welt.

Johann Wolfgang von Goethe

Still sitzend, nichts tuend,
kommt der Frühling
und das Gras wächst von allein.

Zen-Weisheit

Wer unter der Last bleibt, lernt Lasten tragen.
Wer sich unter Lasten bewährt hat, gewinnt
Hoffnung, eine Hoffnung, die verlässlich ist.

Römer 5, 4-5

Allein aus Freude am Sehen und ohne Hoffnung, seine Eindrücke und Erlebnisse mitteilen zu dürfen, würde niemand über das Meer fahren.

Blaise Pascal

Wir mögen die Welt kennen lernen, wie wir wollen, sie wird immer eine Tag- und eine Nachtseite haben.

Johann Wolfgang von Goethe

Wir stärken, solange wir jung sind, unsere Seele mit Hoffnung; die Stärke, die wir so erwerben, befähigt uns später, Verzweiflung zu ertragen.

Thornton Wilder

Noch nie hat ein Pessimist die Geheimnisse der Sterne entdeckt oder ist in ein unbekanntes Land gesegelt.

Helen Keller

Die größten Menschen sind diejenigen, die anderen Hoffnung geben können.

Sean Saurès

Wer immer hofft, stirbt singend.

Aus Italien

Schlägt dir die Hoffnung fehl,
nie fehle dir das Hoffen!
Ein Tor ist zugetan,
doch tausend sind noch offen.

Friedrich Rückert

Tröste dich,
die Stunden eilen,
und was all'
dich drücken mag,
auch das Schlimmste
kann nicht weilen,
und es kommt ein andrer Tag.

Theodor Fontane

Schläft ein Lied in allen Dingen,
die da träumen fort und fort,
und die Welt hebt an zu singen,
triffst du nur das Zauberwort.

Joseph von Eichendorff

Verlache den kleinen Kern nicht!
Eines Tages wird er ein Palmbaum sein.

Arabisches Sprichwort

Ohne Schatten gibt es kein Licht,
man muss auch die Nacht kennen lernen.

Albert Camus

Du musst das Leben nicht verstehen,
dann wird es werden wie ein Fest,
und lass dir jeden Tag geschehen,
so wie ein Kind im Weitergehen,
von jedem Wehen Blüten schenken lässt …

Rainer Maria Rilke

Wenn wir zu hoffen aufhören, kommt,
was wir befürchten, bestimmt.

Ernst Bloch

Die Hoffnung soll sich nicht als ein Gefühl, sondern als ein Handeln in der Gegenwart zeigen. Weil ich die Hoffnung in mir trage, habe ich alle meine Kräfte eingesetzt.

Vincent van Gogh

Es ist etwas Wundervolles, immer wieder an das Menschenherz zu glauben, obschon es uns immer wieder enttäuscht.

Johann Heinrich Pestalozzi

Wenn eine verzweifelte Situation ein besonderes Können erfordert, dann bringt man dieses Können auch auf, obwohl man vorher keine Ahnung davon hatte.

Napoleon I.

Weine dich aus im Schmerz;
dann greif entschlossen zur Arbeit;
was die Träne nicht löst,
löst dich erquickend der Schweiß.

Emanuel Geibel

Die linden Lüfte sind erwacht,
sie säuseln und weben Tag und Nacht,
sie schaffen an allen Enden.
O frischer Duft, o neuer Klang!
Nun, armes Herze, sei nicht bang!
Nun muss sich alles, alles wenden.

Die Welt wird schöner mit jedem Tag.
Man weiß nicht, was noch werden mag,
das Blühen will nicht enden.
Es blüht das fernste, tiefe Tal;
nun armes Herz, vergiss die Qual!
Nun muss sich alles, alles wenden.

Ludwig Uhland

Das Lächeln, das du aussendest,
kehrt zu dir zurück.

Aus Indien

Betrachte immer die helle Seite der Dinge!
Und wenn sie keine haben? Dann reibe
die dunkle, bis sie glänzt.

Unbekannt

Nur durch die Hoffnung bleibt alles bereit,
immer wieder neu zu beginnen.

Charles Péguy

Hoffnung ist das gefiederte Ding,
das sich in der Seele niederlässt
und die Melodie ohne Worte singt
und niemals aufhört.

Emily Dickinson

Die Blätter fallen, fallen wie von weit,
als welkten in den Himmeln ferne Gärten;
sie fallen verneinender Gebärde.
Und in den Nächten fällt die schwere Erde aus
allen Sternen in die Einsamkeit.
Wie alle fallen. Diese Hand da fällt.
Und sieh dir andre an: Es ist in allen.
Und doch ist Einer, welcher dieses Fallen
unendlich sanft in seinen Händen hält.

Rainer Maria Rilke

Man darf das Schiff nicht an einen einzigen Anker
und das Leben nicht an eine einzige
Hoffnung binden.

Epiktet

Hoffnungslosigkeit aber darf es nicht geben,
wenn Menschen mit Menschen leben.

Karl Jaspers

Die Sonne geht
an keinem Dorf vorüber.

Aus Afrika

Liegt dir gestern klar und offen,
wirkst du heute kräftig frei,
kannst auch auf ein Morgen hoffen,
das nicht minder glücklich sei.

Johann Wolfgang von Goethe

Sorge dich erst um die Zukunft,
wenn sie Gegenwart geworden ist.

Laotse

Man sieht die Blumen welken
und die Blätter fallen,
aber man sieht auch Früchte reifen
und neue Knospen keimen.

Johann Wolfgang von Goethe

Nicht ewig freut man sich der Ruhe und des
Friedens, und doch ist Unglück und Zerstörung
nicht das Ende. Wenn das Gras vom
Steppenfeuer verbrannt ist, sprosst es
im Sommer neu.

Aus der Mongolei

Lasst uns immer in den großen Traum des
Lebens kleine bunte Träume weben.

Jean Paul

Die Hoffnung verlieren, das ist, als verlörest du die Freiheit, als verlörest du dich selbst.

Rabbi Nachmann

Halte Frieden mit deiner Seele in diesem lärmenden Durcheinander des Lebens, mit all ihrem Schein, ihren Kümmernissen und zerbrochenen Träumen ist diese Welt doch wunderbar.

Kirche von Baltimore

Suche nach schönen Dingen und du wirst sie finden. Sie sind nicht weit – sie werden nie weit sein.

Sara Teasdale

Nur auf dem Pfad der Nacht erreicht man die Morgenröte.

Khalil Gibran

Trauert nicht, wenn eines Herzens Melodie
verstummt! Bald findet eine Hand sich wieder,
es zu stimmen.

Friedrich Hölderlin

Trost bei Liebeskummer

Liebeskummer gehört zu den stärksten Schmerzen, die die Seele kennt. Im ersten Moment wissen wir nicht, wie wir ohne den geliebten Menschen weiterleben können. Und noch schlimmer ist, dass wir mit unserem Kummer meist ganz alleine da stehen. Oft wünschen wir uns dann einfach nur, dass jemand für uns da ist und uns vielleicht mit ein paar tröstenden Worten sein Mitgefühl ausspricht.

Heißer ist stets die Glut,
wenn die Liebende
fern dem Geliebten.
Immer zur Hand sein,
macht minder geschätzt
den Gemahl.

Properz

Ein ungestörtes Glück verlangen,
heißt Mondeslicht mit Netzen fangen,
den Sonnenstrahl mit Ketten fesseln
und Rosen fordern von den Nesseln.

Otto von Leixner

Lerne warten, denn entweder ändern sich die
Dinge oder dein Herz.

Johann Michael Sailer

Trostlos zu sein ist Liebenden der schönste Trost,
Verlornem nachzustreben selbst schon mehr Gewinn,
als Neues aufzuhaschen.

Johann Wolfgang von Goethe

Im Frühling oder im Traume
bin ich dir begegnet einst,
und jetzt geh'n wir zusamm' durch den Herbsttag,
und du drückst mir die Hand und weinst.
Weinst du ob der jagenden Wolken?
Ob der blutroten Blätter? Kaum.
Ich fühl es: Du warst einmal glücklich
im Frühling oder im Traum.

Rainer Maria Rilke

Bewahret einander vor Herzeleid,
kurz ist die Zeit, die ihr beisammen seid.
Und wenn auch Jahre euch vereinen,
einst werden sie euch wie Minuten erscheinen.

Unbekannt

*Es kommt immer anders! Das ist das wahrste
Wort und im Grunde auch zugleich der beste
Trost, der dem Menschen in seinem Erdenleben
mit auf den Weg gegeben worden ist.*

Wilhelm Raabe

*Die Nachtigall singt nur im Dunkeln. So lernen
wir die himmlische Melodie eines Herzens
erst kennen, wenn es trauert.*

Ludwig Börne

*Du gingst, ich stund und sah zur Erden,
und sah dir nach mit nassem Blick.
Und doch, welch Glück, geliebt zu werden,
und lieben, Götter, welch ein Glück!*

Johann Wolfgang von Goethe

Bindst du der Liebe die Hände,
sicher so wird sie dir feind,
plötzlich, geschwinde, behände,
eh man es hätte vermeint,
laufet gezwungene Liebe zum Ende.

Neukirchsche Sammlung

Nichtverliebte Menschen können nicht verstehen, wieso ein intelligenter Mann wegen einer ganz gewöhnlichen Frau leiden kann. Das ist, als ob man überrascht ist, dass jemand der Cholera zum Opfer fällt, wegen einer so unbedeutenden Kreatur, wie es der Kommabazillus ist.

Marcel Proust

Wer die Trauer der Liebe nicht fasst, hat von der wahren Liebe keine Ahnung.

Martin Deutinger

Die Forderung, geliebt zu werden, ist die größte aller Anmaßungen.

Friedrich Nietzsche

Über alles hat der Mensch Gewalt, nur nicht über sein Herz.

Friedrich Hebbel

Mit den Flügeln der Zeit fliegt die Traurigkeit davon.

Jean de La Fontaine

Ein Mensch, der nicht viel gelitten hat,
kann nicht Segen ausströmen.
Seine Worte haben noch keine rechte Wirkung,
so salbungsvoll sie auch klingen.

Carl Hilty

Manchmal sieht unser Schicksal aus wie ein
Fruchtbaum im Winter. Wer sollte bei dem
traurigen Ansehn desselben wohl denken,
dass diese starren Äste, diese zackigen Zweige
im nächsten Frühjahr wieder grünen, blühen,
sodann Früchte tragen können?

Johann Wolfgang von Goethe

Niemand weiß, wie weit seine Kräfte gehen,
bis er sie nicht versucht hat.

Johann Wofgang von Goethe

Wahrhaft große Leute müssen in dieser Welt
immer eine große Traurigkeit empfinden.

Fjodor M. Dostojewski

Suchen wir unser Licht in unseren Gefühlen!
In ihnen liegt eine Wärme, die viel Klarheit
in sich schließt.

Joseph Joubert

Lieben, das lässt sich nicht zwingen.
Lieben entsteht vor sich,
soll dir's darinne gelingen,
musst du geduldiglich warten,
was Zeiten und Tage dir bringen.

Friedrich von Schiller

Liebe ist das Gewürz des Lebens.
Sie kann es versüßen, aber auch versalzen.

Konfuzius

Liebe ist eine Blume, deren Samen der Wind herweht und der blüht, wo er hinfällt. Es ist ebenso lächerlich, einer Frau zu zürnen, dass sie uns nicht liebt, als mit dem Schicksal zu hadern, uns rote und nicht schwarze Haare gegeben zu haben.

Honoré de Balzac

Herr, lass mich trachten,
nicht dass ich getröstet werde,
sondern dass ich tröste;
nicht dass ich verstanden werde,
sondern dass ich verstehe;
nicht dass ich geliebt werde,
sondern dass ich liebe.

Franz von Assisi

Unter der Linde,
da ist mein allerliebster Platz,
da will ich warten
auf meinen Schatz.

Lilien und Rosen,
die sind so wunderschön
am Gartentore,
da muss ich stehn.

Die Nachtigallen,
die schlagen immerimmerzu,
es klopft mein Herze,
gibt keine Ruh.

Warten, ach warten,
das kann ich nimmernimmermehr,
nach meinem Schatze
sehn ich mich sehr.

Hermann Löns

*Liebe gibt nichts als sich selber und nimmt nichts als aus sich selbst heraus.
Liebe besitzet nicht und lässt sich nicht besitzen.
Denn Liebe genügt der Liebe …
Und denke nicht, du könntest der Liebe Lauf lenken; denn Liebe, so sie dich würdig schätzt, lenkt deinen Lauf.*

Khalil Gibran

Wo Liebe ist, da ist Versöhnung leicht.

Aus Wales

Jemanden lieben heißt, als Einziger ein für alle unsichtbares Wunder zu sehen.

François Mauriac

Lieben heißt riskieren,
dass diese Liebe nicht
erwidert wird.
Hoffen heißt Enttäuschungen riskieren.
Trotzdem muss man Risiken eingehen,
denn das größte Risiko im Leben ist,
nichts zu riskieren.
Der Mensch, der nichts riskiert, tut nichts,
sieht nichts,
hat nichts und ist nichts.
Er kann nicht lernen, fühlen, sich verändern,
wachsen, lieben und leben.

Unbekannt

Das Schlimmste in der Liebe ist,
dass Krieg und Frieden ständig wechseln.

Horaz

Alles, was wir im Leben wirklich akzeptieren,
ist einem Wandel unterworfen.
So muss aus Leiden Liebe werden.
Das ist das Geheimnis.

Katherine Mansfield

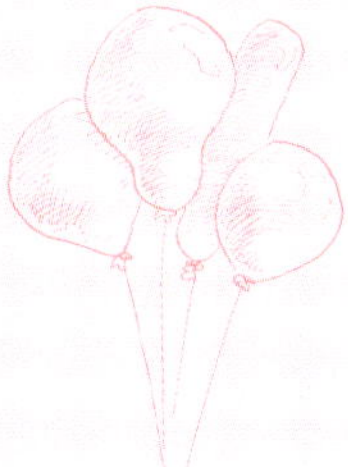

Die alte Liebe erscheinet,
sie stieg aus dem Totenreich;
sie setzt sich zu mir und weinet
und macht das Herz mir weich.

Heinrich Heine

Du suchst umsonst auf irrem Pfade
die Liebe dir im Drang der Welt.
Ein Wunder ist die Liebe, Gnade,
die wie der Tau vom Himmel fällt.

Emanuel Geibel

Man muss manchmal von einem Menschen fortgehen, um ihn zu finden.

Heimito von Doderer

Tröstende Worte bei Abschied und Trennung

Der Abschied von einem geliebten Menschen ist immer eine traurige Angelegenheit, denn wir wissen, dass wir diese Person schmerzlich vermissen werden. Doch ein Abschied bedeutet auch immer, dass es nun Platz für etwas Neues in unserem Leben gibt – vielleicht vermag uns dieser Gedanke ja etwas Trost zu spenden.

Es ist bestimmt in Gottes Rat,
dass man, was man am liebsten hat,
muss meiden.
Wiewohl nichts in dem Lauf der Welt
dem Herzen, ach, so sauer fällt,
als Scheiden!

Ernst von Feuchtersleben

Im Abschied steckt die Geburt der Erinnerung.

Salvador Dalí

Jeder Abschied ist betäubend. Man denkt
und empfindet weniger, als man glaubte:
Die Tätigkeit, in die unsere Seele sich
auf ihre eigne weitere Laufbahn wirft,
überwindet die Empfindbarkeit über das,
was man verlässt.

Johann Gottfried von Herder

Möge dein Weg dir freundlich entgegenkommen,
Wind dir den Rücken stärken,
Sonnenschein deinem Gesicht
viel Glanz und Wärme geben.
Der Regen möge deine Felder tränken,
und bis wir beide, du und ich, uns wiedersehen,
halte Gott schützend dich in seiner hohlen Hand.

Irischer Segen

Wohlan denn, Herz,
nimm Abschied und gesunde.

Hermann Hesse

Nie wär ohne Trennung Wiedersehn erdacht,
ohne Winter nimmer Lenzeshauch erwacht.
Denk nur an den Maien, wenn die Stürme wehn,
und wenn Freunde scheiden, denk ans Wiedersehn.

Franz Kugler

Entfernung und lange Abwesenheit tun jeder Freundschaft Eintrag.

Arthur Schopenhauer

Gar freundliche Gesellschaft leistet uns ein ferner Freund, wenn wir ihn glücklich wissen.

Johann Wolfgang von Goethe

Beim Abschied wird die Zuneigung zu den Sachen, die uns lieb sind, immer ein wenig wärmer.

Michel Eyquem de Montaigne

Erfüllte Hoffnungen lindern
den Schmerz der Trennung.

Po Chu-I

Beim Wiedersehen nach einer Trennung fragen
die Bekannten nach dem, was mit uns,
die Freunde nach dem, was in uns vorgegangen.

Marie von Ebner-Eschenbach

Kurz ist der Abschied
für die lange Freundschaft.

Friedrich von Schiller

Alle Menschen lassen ein wenig von sich selbst
zurück, wenn sie weggehen.

David Rochford

Willst du immer weiter schweifen?
Sieh, das Gute liegt so nah.
Lerne nur das Glück ergreifen:
Denn das Glück ist immer da.

Johann Wolfgang von Goethe

Das Leben ist ein ewiger Abschied. Wer aber von seinen Erinnerungen genießen kann, lebt zweimal.

Martial

Lasst das Schluchzen, Zikaden!
Auch die Sterne
müssen sich trennen!

Issa

Die Summe der Abschiede macht die Reife eines Menschen aus.

Unbekannt

Du siehst die leuchtende Sternschnuppe
nur dann, wenn sie vergeht.

Christian Friedrich Hebbel

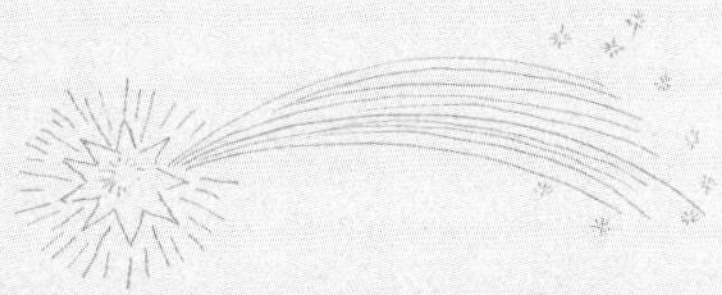

Wie hab ich das gefühlt, was Abschied heißt.
Wie weiß ich's noch: ein dunkles, unverwundnes,
grausames Etwas, das ein Schönverbundnes
noch einmal zeigt und hinhält und zerreißt.

Ein Winken, schon nicht mehr auf mich bezogen,
ein leise Weiterwinkendes –, schon kaum
erklärbar mehr: vielleicht ein Pflaumenbaum,
von dem ein Kuckuck hastig abgeflogen.

Rainer Maria Rilke

Bald werd ich dich verlassen,
fremd in der Fremde gehen,
auf buntbewegten Gassen
des Lebens Schauspiel sehn;
und mitten in dem Leben
wird deines Ernst's Gewalt
mich Einsamen erheben,
so wird mein Herz nicht alt.

Joseph von Eichendorff

Das Leben großer Menschen erinnert uns daran,
dass wir unser Leben erhaben leben und beim Abschied
unseren Fußabdruck im Sand der Zeit
hinterlassen können.

Henry Wadsworth Longfellow

So lass uns Abschied nehmen wie zwei Sterne,
durch jedes Übermaß von Nacht getrennt,
das eine Nähe ist, die sich an Ferne erprobt
und an dem Fernsten sich erkennt.

Rainer Maria Rilke

Doch ach, schon mit der Morgensonne
verengt der Abschied mir das Herz:
In deinen Küssen welche Wonne!
In deinen Augen welcher Schmerz.

Johann Wolfgang von Goethe

Hast du eine große Freude an etwas gehabt,
so nimm Abschied! Nie kommt es
zum zweiten Male.

Friedrich Nietzsche

*Von dem, was du erkennen und messen willst,
musst du Abschied nehmen, wenigstens auf
eine Zeit. Erst wenn du die Stadt verlassen hast,
siehst du, wie hoch sich ihre Türme über
die Häuser erheben.*

Friedrich Nietzsche

*Trennung verringert mittelmäßige Leidenschaften
und vergrößert starke, wie der Wind
Kerzen auslöscht und Glut entfacht.*

François de La Rochefoucauld

*Eine Veränderung schmerzt, egal, wie sehr man
sie sich ersehnte, denn jeder Abschied ist ein
kleiner Tod. Aber nur, wenn wir unter ein Leben
einen Schlussstrich ziehen, können wir
ein neues beginnen.*

Anatole France

Es ist immer schmerzhaft, sich von Leuten zu trennen, die man für sehr kurze Zeit gekannt hat. Die Abwesenheit alter Freunde kann man mit Gleichmut ertragen. Aber die vorübergehende Trennung von jemandem, dem man gerade vorgestellt wurde, ist fast unerträglich.

Oscar Wilde

Die Liebe kennt ihre Tiefe nicht bis zur Stunde der Trennung.

Khalil Gibran

So ist eben das Leben seit jeher, alles gehört dazu: Leid und Trennung und Sehnsucht. Man muss es immer mit allem nehmen und alles schön und gut finden.

Rosa Luxemburg

Den guten Steuermann lernt man erst
im Sturme kennen.

Seneca

Wortes des Trostes für berufliche Rückschläge

Im Berufsleben läuft nicht immer alles glatt: Ein Kollege wird bei der Beförderung bevorzugt, ein Projekt scheitert oder wir verlieren gar unseren Job. In diesen Situationen können ein paar tröstende Worte helfen – denn es ist schön zu wissen, dass in dieser schwierigen Situation jemand für uns da ist.

Das Leben gab den Sterblichen nichts ohne große Arbeit.

Horaz

Das musst du erstreben: Arbeitswochen in Sonntagsstimmung zu leben.

Ferdinand Avenarius

Die Arbeit, die uns freut, wird zum Ergötzen.

William Shakespeare

Ein Starker weiß mit seiner Kraft hauszuhalten. Nur der Schwache will über seine Kraft hinauswirken.

Georg Christoph Lichtenberg

Nur Arbeit hebt dich sanft hinweg
aus dumpfem Weltverneinen:
Sie gibt der Stunde einen Zweck –
hat auch das Leben keinen.

Oskar Blumenthal

Du kannst beten, während du arbeitest.
Die Arbeit hält das Gebet nicht auf und
das Gebet nicht die Arbeit.

Mutter Teresa

Fordere kein lautes Anerkennen!
Könne was, und man wird dich kennen.

Paul Heyse

Glücklich, wer seinen Beruf erkannt hat.
Er verlangt nach keinem anderen Glück!

Thomas Carlyle

Fast alles Große in der Welt ist durch das Genie und die Festigkeit eines einzelnen Mannes bewirkt worden, der gegen die Vorurteile der Menge ankämpfte oder ihr welche beibrachte.

Voltaire

Erfolg hat nur, wer etwas tut, während andere auf den Erfolg warten.

Thomas Alva Edison

Die großen Taten der Menschen
sind nicht die, welche lärmen.
Das Große geschieht so schlicht
wie das Rieseln des Wassers,
das Fließen der Luft,
das Wachsen des Getreides.

Adalbert Stifter

Wir leben, um zu lernen, und werden weiser.

Carolyn Wells

Du wirst es nie zu Tüchtigem bringen
mit trüben Grabesträumereien.
Die Tränen lassen nicht gelingen,
wer schaffen will, muss fröhlich sein.

Theodor Fontane

Es ist besser, ein kleines Licht zu entzünden,
als über große Dunkelheit zu fluchen.

Konfuzius

Das Außerordentliche geschieht nicht auf
glattem, gewöhnlichem Wege.

Johann Wolfgang von Goethe

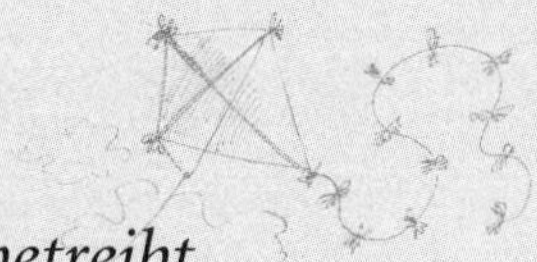

Wer seine Arbeit so betreibt,
dass stets ein Stück für morgen bleibt,
dem schwillt die Schuld so riesig an,
dass er sie niemals tilgen kann.
Der rechte Mann begleicht sein Soll
an jedem Tage ganz und voll.
Er schläft getrost und hinterlässt
am letzten Tag den kleinsten Rest.

Karl Maria von Weber

Auch aus Steinen, die in den Weg gelegt werden,
kann man Schönes bauen.

Johann Wolfgang von Goethe

Wahre Universalität besteht nicht darin, dass
man vieles weiß, sondern, dass man vieles liebt.

Jacob Burckhardt

Not lehrt beten. Arbeit lehrt, wie man gegen Not sich wehrt.

Johann Wilhelm Ludwig Gleim

Kleine Taten, die man ausführt, sind besser als große, die man plant.

George Catlett Marshall

Man muss noch Chaos in sich haben, um einen tanzenden Stern gebären zu können.

Friedrich Nietzsche

Pflicht gibt Brot, jawohl, aber Liebe gäbe Butter und Honig dazu.

Heinrich Federer

Du hast zwei Ohren und einen Mund,
willst du's beklagen?
Gar vieles sollst du hören und
wenig darauf sagen.
Du hast zwei Augen und einen Mund,
mach dir's zu Eigen:
Gar manches sollst du sehn und
manches verschweigen.
Du hast zwei Hände und einen Mund,
lern es ermessen:
Zwei sind da zur Arbeit und
einer zum Essen.

Friedrich Rückert

Träume sind nicht Taten.
Ohne Arbeit wird dir nichts geraten.

Ernst Moritz Arndt

Ich wünsche dir …
dass du arbeitest,
als würdest du kein Geld brauchen,
dass du liebst,
als hätte dich noch nie jemand verletzt,
dass du tanzt,
als würde keiner hinschauen,
dass du singst,
als würde keiner zuhören,
dass du lebst,
als wäre das Paradies auf Erden.

Aus Irland

Starke Menschen bleiben ihrer Natur treu,
mag das Schicksal sie auch in schlechte
Lebenslagen bringen. Ihr Charakter bleibt fest,
und ihr Sinn wird niemals schwankend.
Über solche Menschen kann das Schicksal
keine Gewalt bekommen.

Niccolò Macchiavelli

Aller Anfang ist leicht, und die letzten Stufen werden am seltensten erstiegen.

Johann Wolfgang von Goethe

Es ist bisweilen schwer zu beurteilen, für welche von zwei Möglichkeiten man sich entscheiden und welches von zwei Übeln man über sich ergehen lassen soll, und oft noch schwerer, bei dem gefassten Entschluss zu bleiben.

Aristoteles

Nie hab' ich eine Arbeit kalt gemacht, sondern immer gewissermaßen mit meinem Blut. Das müssen die, die sie sehen, spüren.

Käthe Kollwitz

*Nur erst, wenn dir die Form ganz klar ist,
wird dir der Geist klar werden.*

Robert Schumann

*Du bist dort, wo deine Gedanken sind.
Sieh zu, dass deine Gedanken da sind,
wo du sein möchtest.*

Rabbi Nachmann

*Es gibt Dinge, Verhältnisse, Zustände und
Berufsarten, gegen die der Mensch sich mit
Händen und Füßen wehrt, wenn er
hineingerät, und die er nachher ganz und
gar für sich zugeschnitten findet,
wenn er endlich drinsteckt.*

Wilhelm Raabe

Es ist besser, durch Arbeit als durch Rost abgenutzt zu werden.

François de La Rochefoucauld

*Kein Weiser jammert um Verlust.
Er sucht mit freudigem Mut, ihn zu ersetzen.*

William Shakespeare

*Prahl nicht heute: Morgen will
dieses oder das ich tun!
Schweige doch bis morgen still,
sage dann: Das tat ich nun!*

Friedrich Rückert

Zwischen Gelingen und Misslingen, in Streit, Anstrengung und Sieg bildet sich der Charakter.

Leopold Ranke

Der wahre, tiefe Friede des Herzens und die vollkommene Gemütsruhe sind allein in der Einsamkeit zu finden.

Arthur Schopenhauer

Trost für einsame Stunden

Einsamkeit können viele Menschen nur schwer ertragen. Wir fühlen uns alleine gelassen, ungeliebt und ohne einen einzigen Freund auf dieser Welt. Stunden der Einsamkeit können wir jedoch nutzen, um zu uns selbst zu finden. Ein wenig trösten mögen uns die folgenden Worte …

Es ist ein Unterschied, ob man die Einsamkeit sucht oder ob man allein gelassen werden will.

William Faulkner

Wem Einsamkeit gefällt,
wer Ruhe sich verschafft,
ist frei von Furcht und Schuld,
ihm schmeckt der Lehre Saft.

Dhammapada

Wir kommen allein auf die Welt, wir leben allein, wir sterben allein. Nur Liebe und Freundschaft können uns für einen Augenblick die Illusion verschaffen, nicht allein zu sein.

Orson Welles

Der Adler fliegt allein,
der Rabe scharenweise.
Gesellschaft braucht der Tor,
Einsamkeit der Weise.

Friedrich Rückert

Nur Einsamkeit ist Vollgenuss des Lebens;
wo sind zwei Herzen, die sich ganz verstehen?

August Graf von Platen

Ist dir die Einsamkeit gute Gesellschaft, dann,
Glücklicher, zähle zu den Glücklichsten dich;
aber verschweige dein Glück.

Friedrich Bouterwek

In den einsamen Stunden des Geistes
ist es schön, in der Sonne zu gehen,
an den gelben Mauern des Sommers hin.

Georg Trakl

Um die Einsamkeit ist's eine schöne Sache,
wenn man mit sich selbst in Frieden lebt
und was Bestimmtes zu tun hat.

Johann Wolfgang von Goethe

Bete, dass deine Einsamkeit der Stachel werde,
etwas zu finden, wofür du leben kannst und
groß genug, um dafür zu sterben.

Dag Hammarskjöld

Geh in deinen Grund!
Inwendig im Innersten der Seele:
Da ist dein Leben
und da allein lebst du.

Meister Eckehart

Die größten Ereignisse, das sind nicht unsere lautesten, sondern unsere stillsten Stunden.

Friedrich Nietzsche

Lieber Einsamkeit und ein Buch und eine Zeitung, als schlechte Gesellschaft, von der man nichts hat als Ärger und mitunter direkte Beleidigung.

Theodor Fontane

Einsamkeit bringt die Poesie zur Entwicklung, die in jedem Menschen vorhanden ist.

Victor Hugo

Den Wert eines Menschen kann man daran ermessen, wie viel Einsamkeit zu ertragen er fähig ist.

Friedrich Nietzsche

Einsamkeit erweckt zum Leben – Isolation tötet.

Joseph Roux

Einsamkeit ist das Los aller hervorragenden Geister.

Arthur Schopenhauer

Du fragst, warum ich einen Bergwald zu meinem Zuhause mache, und ich lächle und schweige, und selbst meine Seele bleibt ruhig. Sie lebt in der anderen Welt, die niemandem gehört. Die Pfirsichbäume blühen. Das Wasser fließt.

Li Po

O wunderbares, tiefes Schweigen,
wie einsam ist's noch auf der Welt!
Die Wälder nur sich leise neigen,
als ging der Herr durchs stille Feld.

Ich fühl mich recht wie neu geschaffen,
wo ist die Sorge nun und Not?
Was mich noch gestern wollt erschlaffen,
ich schäm mich des im Morgenrot.

Joseph von Eichendorff

Was willst du eigentlich?
Frage dich das einmal in einer ruhigen Stunde
und gib aufrichtig Antwort.

Ludwig Christoph Heinrich Hölty

Einsamkeit, verbunden mit einem klaren,
heiteren Bewusstsein ist, ich behaupte es,
die einzig wahre Schule für einen Geist
von edlen Anlagen.

Gottfried Keller

Man muss sich selbst erkennen. Alles Unglück in der Welt kommt daher, dass man nicht versteht, ruhig in einem Zimmer zu sein. Die Einsamkeit aber ängstigt deshalb, weil ihr die Menschen unverdeckt sich selber gegenübergestellt werden.

Blaise Pascal

Niemals bin ich weniger müßig als in meinen Mußestunden und niemals weniger einsam, als wenn ich alleine bin.

Cicero

Nur der Einsame findet den Wald: Wo ihn mehrere suchen, da flieht er, und nur die Bäume bleiben zurück.

Peter Rosegger

Damit das Leben leben kann, muss es geradezu mit Einsamkeit durchtränkt sein.

Eugène Ionesco

Die Einsamkeit ist dem Geiste, was dem Körper Diät ist: Tödlich, wenn sie zu lange dauert, obgleich notwendig.

Luc de Clapier, Marquis de Vauvenargues

Ich habe nie eine Gesellschaft gefunden, die so gesellig war wie die Einsamkeit.

Henry David Thoreau

Einsamkeit tut weh,
aber doch nicht so
wie falsche Geselligkeit.

Theodor Fontane

Ganz er selbst sein darf jeder nur, solange er allein ist. Wer also nicht die Einsamkeit liebt, der liebt auch nicht die Freiheit; denn nur, wenn man allein ist, ist man frei!

Arthur Schopenhauer

Was die Einsamkeit betrifft, so kann ich nicht begreifen, wie gewisse Leute Anspruch auf Geistesbildung oder auf Seelengröße und Charakter machen wollen und doch nicht das mindeste Gefühl für das Alleinsein haben; denn die Einsamkeit, verbunden mit dem ruhigen Anschauen der Natur, mit einem klaren, heiteren Bewusstsein seines Glaubens über Schöpfung und Schöpfer ist die einzige wahre Schule für einen Geist von edlen Anlagen.

Gottfried Keller

Die Einsamkeit ist schön, aber der Mensch braucht einen, der ihm immer wieder sagt, dass die Einsamkeit schön ist.

Honoré de Balzac

Ruhe, das höchste Gut auf Erden, kommt sehr oft nur durch Einsamkeit in das Herz.

Johann Georg Zimmermann

Die Menschen vergessen das Große und geben sich mit dem Kleinen ab. In der Einsamkeit ist das ganz anders: Der Mensch festigt sich in sich selbst und wird stark zu jeglicher großen Tat.

Fjodor M. Dostojewski

Die Krankheit ist ein Hindernis für den Körper, nicht für den Willen, sofern dieser es nicht selbst so will.

Epiktet

Tröstende Worte in Zeiten der Krankheit

Wer einem kranken Menschen gegenübersteht, fühlt sich hilflos. Gerade im Angesicht von schweren Krankheiten erscheinen Worte oft wie leere Hülsen, die so gar nichts zur Genesung beitragen können. Doch eines können diese Worte durchaus: dem Kranken zeigen, dass uns sein Schicksal und seine Schmerzen nicht gleichgültig sind, dass wir an ihn denken und ihn in schweren Stunden nicht alleine lassen.

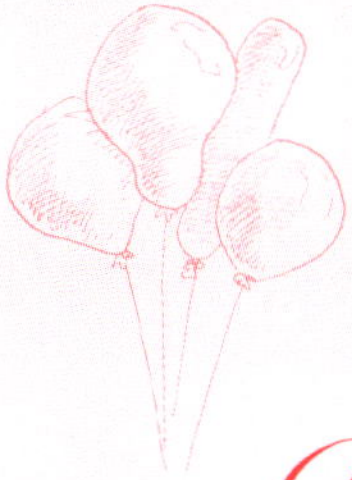

Schon verloschen sind die Stunden,
hingeschwunden Schmerz und Glück;
fühl es vor: Du wirst gesunden!
Traue neuem Tagesblick!

Johann Wolfgang von Goethe

Gegen Schmerzen der Seele gibt es nur zwei Arzneimittel: Hoffnung und Geduld.

Pythagoras

Luft und Licht heilen, und Ruhe heilt, aber den besten Balsam spendet doch ein gütiges Herz.

Theodor Fontane

Nach den Tränen stellt im Leben
sich auch oft das Lachen ein;
Tränen haben auch die Reben,
aber trotz der Tränen geben
sie den lust'gen, gold'nen Wein.

Justinus Kerner

Und es zeigte sich wieder, dass Hoffnung und Freude die besten Ärzte sind.

Wilhelm Raabe

In dem ew'gen Kommen, Schwinden,
wie der Schmerz liegt auch das Glück,
und auch heit're Bilder finden
ihren Weg zu dir zurück.

Theodor Fontane

Der Mensch ist die Medizin des Menschen.

Aus Afrika

Wie das Übermaß der Freude oft in Traurigkeit endet, so folgen hingegen neue Freuden auf das überstandene Leid.

Giovanni Boccaccio

Oft nach einem Tag,
oft schon nach einer Stunde
belächelst du den Schmerz
und fühlst nicht mehr die Wunde.

Friedrich Rückert

Wir verwenden unseren Geist besser dazu,
das Unheil zu ertragen, das uns trifft,
als uns um das zu sorgen,
welches uns noch treffen kann.

François de La Rochefoucauld

Ich lerne es täglich,
lerne es unter Schmerzen,
denen ich dankbar bin:
Geduld ist alles.

Rainer Maria Rilke

Ich glaube, dass Krankheiten Schlüssel sind,
die uns gewisse Tore öffnen können.
Denn ich glaube, es gibt gewisse Tore,
die nur die Krankheit öffnen kann.

André Gide

Klage nicht zu sehr über einen
kleinen Schmerz!
Das Schicksal könnte ihn durch einen
größeren heilen.

Friedrich Hebbel

Steht dir ein Schmerz bevor, oder hat er dich
bereits ergriffen, so bedenke, dass du ihn nicht
vernichtest, indem du dich von ihm
abwendest! Sieh ihm fest ins Auge!

Ernst von Feuchtersleben

Nacht liegt auf den fremden Wegen,
krankes Herz und müde Glieder;
ach, da fließt wie stiller Segen,
süßer Mond, dein Licht hernieder,

Süßer Mond, mit deinen Strahlen
scheuchest du das nächt'ge Grauen;
es zerrinnen meine Qualen,
und die Augen übertauen.

Heinrich Heine

Ei, der Gesunde hüpft und lacht,
dem Wunden ist's vergällt.
Der eine schläft, der andere wacht,
das ist der Lauf der Welt.

William Shakespeare

Wie dein Leiden sich mehrt, so mehrt sich die Kraft, es zu tragen.

Johann Kasper Lavater

Der Himmel hat den Menschen als Gegengewicht gegen die vielen Mühseligkeiten des Lebens drei Dinge gegeben: die Hoffnung, den Schlaf und das Lachen.

Immanuel Kant

Nur in der Tiefe der Seele, mit Hilfe jener Kraft, die stärker ist als alle Vernünftigkeit, kann Trost und Ruhe gefunden werden.

Wilhelm Busch

Krankheiten, besonders langwierige, sind Lehrjahre der Lebenskunst und der Gemütsbildung.

Novalis

Der Schmerz ist ein heiliger Engel, und durch ihn sind die Menschen größer geworden als durch alle Freuden der Welt.

Adalbert Stifter

Stark sein im Schmerz, nicht wünschen, was unerreichbar oder wertlos. Für tausend bittere Stunden sich mit einer einzigen trösten, welche schön ist, und mit Herz und Können sein Bestes geben, auch wenn es keinen Dank erfährt. Wer das kann, der ist ein Glücklicher.

Arthur Schopenhauer

Ein einziger Grundsatz wird dir Mut geben, nämlich der Grundsatz, dass kein Übel ewig währt, ja nicht einmal sehr lange dauern kann.

Epikur

Stunden der Not vergiss. Doch was sie dich lehrten, vergiss nie.

Salomon Geßner

Tätige Liebe heilet alle Wunden, bloße Worte mehren nur den Schmerz.

Adolf Kolping

Du kannst dein Leben nicht verlängern, noch verbreitern, nur vertiefen.

Gorch Fock

*Ein schöner, gerechter und vornehmer
Ausgleich der Dinge besteht darin, dass,
wie Krankheiten und Kummer übertragbar sind,
nichts in der Welt so sehr ansteckend wirkt wie
Gelächter und gute Laune.*

Charles Dickens

*Tröste dich, die Stunden eilen,
und was all dich drücken mag,
auch die schlimmste kann nicht weilen,
und es kommt ein andrer Tag.*

Theodor Fontane

*Ihr seid glücklich und froh, wie sollt' ein
Schmerz euch verwunden! Doch der Krankende
fühlt auch schmerzlich die leise Berührung.*

Johann Wolfgang von Goethe

Man lindert oft sein Leid,
indem man es erzählt.

Pierre Corneille

O blaue Luft nach trüben Tagen,
wie kannst du stillen meine Klagen?
Wer nur am Regen krank gewesen,
der mag durch Sonnenschein genesen.
O blaue Luft nach trüben Tagen,
doch stillst du meine bittren Klagen!
Du glänzest Ahnung mir zum Herzen:
Wie himmlische Freude labt nach Schmerzen.

Ludwig Uhland

Nicht krank sein genügt durchaus nicht:
Wacker, lustig, froh soll der Mensch sein.

Cornelius Tacitus

Gleichwie ein Vogel am Fenster vorbei
mit sonnenbeglänztem Flügel
den blitzenden Schein wirft in ein schattig Gemach,
Also, mitten im Gram um verlorene Jahre
des Siechbetts,
überraschet und weckt
leuchtende Hoffnung
mich oft.

Eduard Mörike

Ein Mensch kann viel ertragen,
solange er sich selbst ertragen kann.

Axel Munthe

Gesundheit ist nicht alles;
aber ohne Gesundheit ist alles nichts.
Besonders überwiegt
die Gesundheit alle äußeren Güter so sehr,
dass wahrlich ein gesunder Bettler glücklicher ist
als ein kranker König.

Arthur Schopenhauer

Werde heiter, mein Gemüte,
und vergiss der Angst und Pein!
Groß ist Gottes Gnad und Güte,
groß muss auch dein Hoffen sein.

Kommt der helle, goldne Morgen
nicht hervor aus dunkler Nacht?
Lag nicht einst im Schnee verborgen
dieses Frühlings Blütenpracht?

Durch die Finsternis der Klagen
bricht der Freude Morgenstern;
Bald wird auch dein Morgen tagen:
Gottes Güt'ist nimmer fern.

August Heinrich Hoffmann von Fallersleben

Das Leben ist nur ein Moment,
der Tod ist auch nur einer!

Friedrich von Schiller

Trost im Angesicht des Todes

In einem Trauerfall finden viele Menschen nicht die richtigen Worte. Zu groß ist die Angst, etwas Falsches zu sagen, und so den Trauernden noch mehr Schmerz zuzufügen. Auch wissen wir, dass der Verlust eines geliebten Menschen so schlimm ist, dass Worte im Angesicht dieses Schmerzes sinnlos erscheinen. Doch trotzdem zeigen sie, dass wir die Trauernden nicht mit ihrem Schmerz alleine lassen. Seien Sie mit den richtigen Worten für einen Trauernden da!

Der Tod versetzt uns wieder in den Zustand der Ruhe, in dem wir uns befanden, ehe wir geboren wurden. Bedauert jemand die Gestorbenen, so muss er auch die Ungeborenen bedauern.

Seneca

Lasst uns guten Mutes sein
in Bezug auf den Tod,
da das kein Übel für uns sein kann,
was das natürliche Gesetz der Götter,
die über das Wohl der Menschen walten,
zu unserem Besten so eingesetzt hat.

Plato

Bereite dich auf den Tod vor. Das will sagen: Bereite dich auf die Freiheit vor.

Seneca

Nur ein heulender Sünder konnte den Tod ein Gerippe nennen. Es ist ein holder, niedlicher Knabe, blühend, wie sie den Liebesgott malen, aber so tückisch nicht – ein stiller, dienstbarer Genius, der der erschöpften Pilgerin Seele den Arm bietet über den Graben der Zeit, das Feenschloss der ewigen Herrlichkeit aufschließt, freundlich nickt und verschwindet.

Friedrich von Schiller

Der Tod ist eine Selbstbesiegung, die, wie alle Selbstüberwindung, eine neue, leichtere Existenz verschafft.

Novalis

Der Tod ist ein Ausruhen von Mühe und Elend.

Cicero

*Wie wir mitten im Leben vom Tode umfangen
sind, so müsst ihr jetzt auch ganz fest überzeugt
sein, dass wir mitten im Tode vom Leben
umfangen sind.*

Johann Calvin

*Gib deine Hand, du schön und zart Gebild!
Bin Freund und komme nicht zu strafen.
Sei guten Muts. Ich bin nicht wild,
sollst sanft in meinen Armen schlafen!*

Matthias Claudius

*Du kamst, du gingst mit leiser Spur,
ein flüchtger Gast im Erdenland.
Woher? Wohin? Wir wissen nur:
Aus Gottes Hand in Gottes Hand.*

Ludwig Uhland

Und solange du das nicht hast,
dieses: Stirb und Werde!
Bist du nur ein trüber Gast
auf der dunklen Erde.

Johann Wolfgang von Goethe

Fürchte dich nicht, denn ich habe dich erlöst;
ich habe dich bei deinem Namen gerufen;
du bist mein.

Jesaja 43, 1

Endlich bleibt nicht ewig aus,
endlich wird der Trost erscheinen,
endlich grünt der Hoffnungsstrauß,
endlich hört man auf zu weinen,
endlich bricht der Tränenkrug,
endlich spricht der Tod genug.

Johann Christian Günther

Jesus Christus spricht: Ihr habt nun Traurigkeit; aber ich will euch wiedersehen und euer Herz soll sich freuen und eure Freude soll niemand von euch nehmen.

Johannes 16, 22

Gott allein weiß, wann es ihm gut dünkt zu schlagen; es steht bei ihm, das Leben zu nehmen, das er gegeben hat.

Axel Munthe

Am Abend unseres Lebens werden wir nach der Liebe gerichtet werden.

Johannes vom Kreuz

Es ist das Auslöschen der Lampe im Morgenlicht,
nicht das Auslöschen der Sonne.

Rabindranath Tagore

Immer enger, leise, leise,
ziehen sich die Lebenskreise,
schwindet hin was prahlt und prunkt,
schwindet Hoffen, Hassen, Lieben,
und ist nichts in Sicht geblieben
als der letzte dunkle Punkt.

Theodor Fontane

Der Tod ist groß.
Wir sind die Seinen
lachenden Mundes.
Wenn wir uns mitten im Leben meinen,
wagt er zu weinen
mitten in uns.

Rainer Maria Rilke

*Wenn du bei Nacht den Himmel anschaust,
wird es dir sein, als lachten alle Sterne, weil ich
auf einem von ihnen wohne, weil ich auf einem
von ihnen lache.*

Antoine de Saint-Exupéry

*Wäre der Tod nicht,
es würde keiner das Leben schätzen.
Man hätte vielleicht nicht einmal
einen Namen dafür.*

Jakob Boßhart

*In allen Menschen liegt die Ahnung, jenseits des
Grabes die wiederzufinden, die vorangegangen sind,
und die um sich zu versammeln, die nach
uns übrig blieben.*

Wilhelm von Humboldt

Ob das Leben körperlich ein dauernder Schmerz, eine dauernde Last oder keines von beiden ist, können wir erst im Moment des Todes wissen.

Walther Rathenau

Trennung ist wohl Tod zu nennen.
Denn wer weiß, wohin wir gehen.
Tod ist nur ein kurzes Trennen
auf ein baldig Wiedersehen.

Joseph von Eichendorff

Der Tod ist die mildeste Form des Lebens,
der ewigen Liebe Meisterstück.

Gerhart Hauptmann

Wie kann man einen Menschen beweinen,
der gestorben ist? Diejenigen sind zu beklagen,
die ihn geliebt und verloren haben.

Helmuth Graf von Moltke

In Schönheit wandre ich.
Mit Schönheit vor mir, so wandre ich.
Mit Schönheit hinter mir, so wandre ich.
Mit Schönheit unter mir, so wandre ich.
Mit Schönheit über mir, so wandre ich.
Schönheit rund um mich her, so wandre ich.
In Schönheit ist es vollendet.

Lied der Navajo

Wie lange leben wir auf Erden?
Nicht für immer,
nur eine kleine Spanne.
Jade zerbricht,
Gold wird zerdrückt,
Quetzalfedern knicken.
Nichts dauert auf Erden,
alles lebt nur einen Hauch lang.
Unsere Zeit ist geliehen,
im Nu müssen wir sie hinter uns lassen.

Weisheit der Azteken

Wir sollen die Liebe, welche wir den Toten mit
ins Grab geben, nicht den Lebenden entziehen.

Wilhelm Raabe

Trauere nicht über seinen Verlust,
sondern freue dich darüber, dass er einmal
dir gehört hat.

Eusebius Hieronymus

Ich liebe das Leben, um Gott zu suchen;
ich liebe den Tod, um Gott zu finden.

Augustin Louis Cauchy

Denn wir haben hier keine bleibende Statt,
sondern die zukünftige suchen wir.

Hebräerbrief 13, 14

Möglicherweise ist ein Begräbnis unter
Menschen ein Hochzeitsfest unter Engeln.

Khalil Gibran

Gott ist Licht.

John Milton

Trost durch den Glauben

Wer einen Glauben hat – egal, welchem Gott dieser gilt –, hat gleichzeitig Trost: Er weiß, dass sein Leiden einen Sinn hat und dass er irgendwann Erlösung findet. Doch in Zeiten der Not zweifeln viele Menschen an ihrem Glauben. Warum trifft ein Schicksalsschlag gerade sie? Hier mögen die folgenden Worte Trost spenden …

*Es gibt unzählige Definitionen von Gott.
Doch ich bete Gott nur als Wahrheit an.*

Mahatma Gandhi

*Wir finden Gott zweimal, einmal in,
einmal außer uns: in uns als Auge,
außer uns als Licht.*

Jean Paul

*Habt Mut, fürchtet euch nicht! Seht, hier ist
euer Gott! In der Wüste brechen Quellen hervor,
und Bäche fließen in der Steppe. Der glühende
Sand wird zum Teich und das durstige Land
zu sprudelnden Quellen.*

Jesaja 35, 4-7

*Gott ist die Liebe, und wer in der Liebe bleibet,
er bleibet in Gott und Gott in ihm.*

1. Brief des Johannes 4, 16

Wie wir an Gott glauben, so sollen wir auch
an unsere Kräfte glauben.

Jeremias Gotthelf

Wo Glaube, da Liebe;
wo Liebe, da Friede;
wo Friede, da Gott;
wo Gott, keine Not.

Sprichwort

Man empfindet Gott durch die Seele
wie die Luft durch den Körper.

Joseph Joubert

Was Gott ist, wird in Ewigkeit
kein Mensch ergründen,
doch will er treu sich allezeit
mit uns verbünden.

Conrad Ferdinand Meyer

Ein einziger dankbarer Gedanke gen Himmel ist das vollkommenste Gebet!

Gotthold Ephraim Lessing

Der beste Prediger ist das Herz, der beste Lehrer die Zeit, das beste Buch die Welt, der beste Freund Gott.

Talmud

Glaube ist der Vogel, der singt, wenn die Nacht noch dunkel ist.

Rabindranath Tagore

Denn die Religion schenkt der Menschheit in geheimnisvoller Weise eine Hoffnung, die stärker ist als alle Widerstände, als alle Bedrängnis.

Dalai Lama

In ihm sei's begonnen,
der Monde und Sonnen
an blauen Gezelten
des Himmels bewegt.
Du Vater, du rate!
Lenke du und wende!
Herr, dir in die Hände
Sei Anfang und Ende,
sei alles gelegt!

Eduard Mörike

Die Nächstenliebe und der Friede mit anderen ist ein sicheres Zeichen, dass man auf dem rechten Weg wandelt.

Angela Merici

Mensch, gibst du Gott dein Herz,
er gibt dir seines wieder:
Ach, welch ein wertrer Tausch!
Du steigest auf, er nieder.

Angelus Silesius

Wenn gar kein Einz'ger mehr auf Erden,
dessen Treue du darfst trauen,
als dann will er dein Treuster werden
und zu deinem Besten schauen.
Er weiß dein Leid und heimlich Grämen
auch weiß er Zeit, dir's abzunehmen.
Gib dich zufrieden!

Paul Gerhardt

Wo zwanzig Teufel sind, da sind auch hundert
Engel; wenn das nicht so wäre, dann wären wir
längst schon zugrunde gegangen.

Martin Luther

Nicht unser Hirn, sondern unser Herz denkt den größten Gedanken. Unser Herz aber oder unsere Seele oder der Kern unserer Persönlichkeit ist ein Funke aus dem Lebenslichtmeer Gottes.

Jean Paul

Ich gebe Ihnen eine Antwort, über die heute mancher lächeln wird, aber ich meine das ganz ernst: In einem Tiefpunkt des Lebens, in einer wirklichen inneren Not, hilft nur das Gebet.

Carl Zuckmayer

Ich habe in meinem Leben viele gute und kluge Bücher gelesen. Aber ich habe in allen nicht gefunden, was mein Herz so still und froh gemacht hätte wie die vier Worte aus dem 23. Psalm: „Du bist bei mir."

Immanuel Kant

*Glaube ist die Liebe zum Unsichtbaren,
Vertrauen aufs Unmögliche, Unwahrscheinliche.*

Johann Wolfgang von Goethe

*Gott ist nahe, wo die Menschen einander
Liebe zeigen.*

Johann Heinrich Pestalozzi

Glaube ohne Liebe ist nichts wert.

Martin Luther

*Von nun an suche ich Zuflucht
bei den mächtigen Wächtern der Welt,
den Siegreichen,
die sich um den Schutz der Welt bemühen
und die alle Ängste zerstreuen.*

Dalai Lama

Die Religion erschließt dem Menschen mithilfe ihrer Bilder eine Welt, die sich mit Worten allein nicht öffnen lässt.

Eugen Drewermann

*Den lieben Gott lass' ich nur walten;
der Bächlein, Lerchen, Wald und Feld und Erd
und Himmel will erhalten, hat auch mein
Sach' aufs Best' bestellt!*

Joseph von Eichendorff

*Wenn auch alle Lichter der Welt erlöschen,
der Lichtgedanke lebt doch: Es gibt einen Gott.*

Henrik Ibsen

Wer sich nach Licht sehnt, ist nicht lichtlos,
denn die Sehnsucht ist schon Licht.

Bettina von Arnim

Gott hilft uns nicht so sehr selbst als durch
Menschen, die ihm nahe sind.

Peter Lippert

Wie tief wir auch fallen mögen; wir können
nicht tiefer fallen, als Gottes Arme reichen.

William Penn

Denn die Religion schenkt der Menschheit
in geheimnisvoller Weise eine Hoffnung,
die stärker ist, als alle Widerstände,
als alle Bedrängnis.

Dalai Lama

Gottes Liebe, Güt'und Treu',
die ist alle Morgen neu;
sie wird auch in meinem Weinen
mir mit Trost ins Herze scheinen.

Johann Heermann

Wir hoffen immer, und
in allen Dingen ist es
besser zu hoffen,
als zu verzweifeln.
Wenn wir wieder zu
echtem Gottvertrauen
zurückkehren, dann wird
für Furcht kein Raum
mehr in unserer Seele sein.

Johann Wolfgang von Goethe

Gehst du einen Schritt auf Gott zu, kommt er
dir mit hundert Schritten entgegen.

Swami Kaleshwar

Der Zufall ist das Pseudonym, das der liebe Gott wählt, um inkognito zu bleiben.

Albert Schweitzer

Was du sehen kannst,
das sehe und brauche deine Augen,
und über das Unsichtbare und Ewige
halte dich an Gottes Wort!

Matthias Claudius

O Gott, gib, dass ich diesen Tag so lebe,
dass ich wert bin, ihn zu erleben.

Marie von Ebner-Eschenbach

Das Gebet ist der Schlüssel am Morgen und der Riegel am Abend.

Mahatma Gandhi

Auch wenn du Gott nichts weiter zu sagen vermagst als „Hilf!“, so ist das doch sehr gut. Sag es immer und immer wieder, bis Gott dir den Mund öffnet und die Worte aus deinem Herzen zu strömen beginnen.

Rabbi Nachmann

Ich glaube, wenn man ernsthaft Tag für Tag wirklich der Lehre seiner Religion nachgeht, dass sich die gesamte Lebenseinstellung allmählich zu verändern beginnt.

Dalai Lama

Nicht alle unsere Wünsche, aber alle seine Verheißungen erfüllt Gott.

Dietrich Bonhoeffer

Sprich mit Gott, wie du mit deinem allerbesten Freund sprechen würdest. Sag ihm alles.

Rabbi Nachmann

Die Hoffnung halte fest:
Gott wird dich nicht verlassen:
Das Ärgste, was dir droht,
er wird es dir erlassen.

Und traf das Ärgste dich,
so bleib in Zuversicht:
Die Hoffnung schlug dir fehl,
doch Gott verließ dich nicht.

Friedrich Rückert

Gott wird diejenigen nicht vergessen, die sich selbst vergaßen, um an andere zu denken.

Augustinus

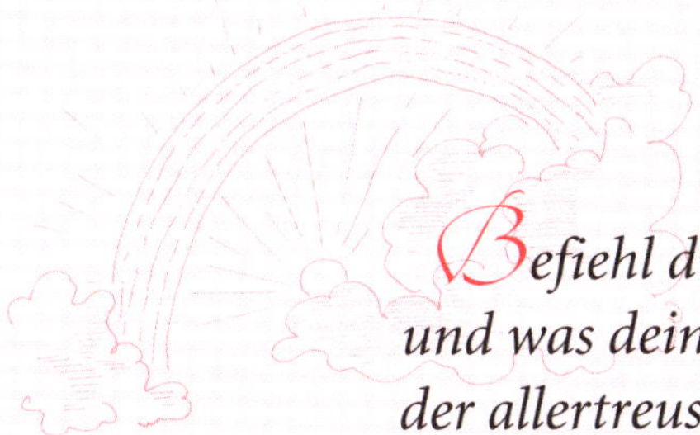

Befiehl du deine Wege
und was dein Herze kränkt
der allertreusten Pflege des,
der den Himmel lenkt.
Der Wolken, Luft und Winden
gibt Wege, Lauf und Bahn,
der wird auch Wege finden,
da dein Fuß gehen kann.

Paul Gerhardt

Wir können Gott mit dem Verstande suchen,
aber finden können wir ihn nur
mit dem Herzen.

Jöszef von Eötvös

Dem Menschen einen Glauben schenken heißt,
seine Kraft verzehnfachen.

Gustav Le Bon

Wenn ihr eure Andacht verrichtet, so denkt euch
die Gottheit als gegenwärtig!

Konfuzius

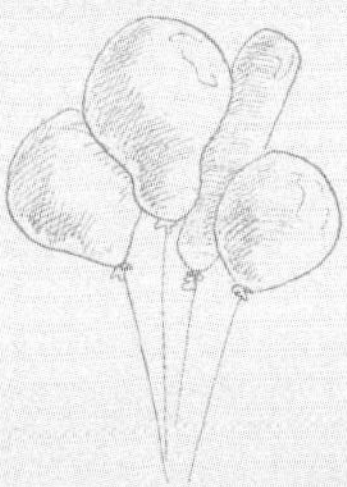

Die Religion schenkt der Menschheit in
geheimnisvoller Weise eine Hoffnung,
die stärker ist als alle Widerstände,
als alle Bedrängnis.

Dalai Lama

Es bleibt der letzte und allgemeine Maßstab
für den Wert des Menschen,
ob er auch der Andacht fähig ist,
ob er seine Gedanken vom
Staub des Werktages losmachen
und eine Feiertagsstille in sich erzeugen
und würdig genießen kann.

Paul Heyse